Für meine Mutter und meinen Vater

Bibliografische Information der Deutschen Nationalbibliothek: Die Deutsche Nationalbibliothek verzeichnet diese Publikation in der Deutschen Nationalbibliografie; detaillierte bibliografische Daten sind im Internet über dnb.dnb.de abrufbar.

Titelmotiv: Hannukka Menke, Kotka/Finnland

Porträt der Autorin
Zeichnung der Schülerin Mariam Sedeghi

Liedvertonungen: Dietmar Bonny
Gesang: Elke Fischer

Herstellung und Verlag: BoD – Books on Demand, Norderstedt ISBN: 978-3-7504-8319-4

Gudrun Egner

BRUCHBONBONS

Gedichte

STILLE WASSER SIND TIEF
ZU DEN GEDICHTEN VON GUDRUN EGNER

Bisher habe ich nur einzelne Gedichte von Gudrun Egner gekannt. Jetzt habe ich das Vergnügen, eine größere Menge in einem Stück zu lesen. Ich bin freudig überrascht, in eine ganz neue Klangwelt einzutauchen, die mich von Anfang an für sich eingenommen hat. Eine Lyrikerin meldet sich endlich zu Wort – mit ihrer eigenen, eigentümlichen, leisen und doch unüberhörbaren und unverwechselbaren Stimme. Sie spricht für sich, sie spricht von sich, sie weiß, wovon sie spricht, sie outet sich, und doch gibt sie bei aller Offenheit wenig von sich preis. Ihre Verse brauchen keine Erklärung, aber sie hüten ein Geheimnis. Ein schüchterner, zuweilen mimosenhafter Rest von „Rühr-mich-nicht-an" bleibt im Hintergrund spürbar, nicht zuletzt in ihrer sehr anrührenden und einfühlsamen Liebeslyrik. Stille Wasser sind tief. Gudrun Egners Gedichte sind am Rande des Schweigens entstanden. Sie sind schweigsam, vieles bleibt ausgespart, bleibt ungesagt oder steht zwischen den Zeilen. Ihre Leserinnen und Leser müssen sich immer ihren Teil dazu denken. Womöglich denkt sich jeder dabei etwas Anderes. Nicht zuletzt in dieser Mehrdeutigkeit ist der intellektuelle und emotionale Lesereiz ihrer Lyrik begründet.

Die Gedichte, einzeln oder im Zusammenhang gelesen oder besser noch gehört, sind erfüllt von Wohllaut, sie singen und klingen, sie sind melodisch, als wollten sie, falls sie noch keinen Komponisten gefunden haben, nach einem Tonkünstler rufen. Die Poetin hat Musik im Blut und im Kopf, sie kombiniert und komponiert ihre Worte wie auf Notenblättern. Nicht wenige Gedichte, unter ihnen die in englischer Sprache verfassten, kommen ihr wie Lieder über die Lippen, und wo es passt, da gesellen sich Reime einfach dazu. Gudrun Egner verwendet den Reim unbekümmert, wo er sich anbietet, aber sie tut sich keinerlei Reimzwang an. Sie verfügt über ein reiches Repertoire an lyrischen Formen, mit denen sie auch gern spielerisch umgeht. Sogar Tarot-Karten mischte sie in ihre Wort-Spiele. Ihre besondere Begabung liegt in der fast filigranen, Haiku-nahen, zur Quintessenz geronnenen kleinen Form. In der Kürze liegt die Würze. Gudrun Egner geht sparsam, achtsam mit ihrem

Wortbestand um. Da sie lange in Frankfurt gelebt hat, macht sie sich nahe der Gerbermühle auf Goethes Spuren und bittet ihn zum Geleit in ihrer Unentschiedenheit. Dass sie auch eine romantische Ader hat, zeigt sich an der bunten Tierwelt, die sie in ihren Gedichten um sich schart. Sie reicht von der Katze, ihrem Lieblingstier, über den Schmetterling, den Salamander, den Schwan, den Dompfaff, den Roten Milan bis hin zur Robbe. Ihre Tiere haben allesamt fabel- und märchenhafte Züge und verkörpern verborgene, weiblich anmutende Träume und Sehnsüchte.

Gudrun Egner sieht sich selbst als „Wolkenmädchen". Sie schaut nicht nach unten, sie lenkt ihren Blick in den Himmel – hinauf zu den Kirschen in Mutters Garten, zu den Vogelschwärmen, zu den Sternen, zum Mond und immer zu den Wolken. Die Wolken sind für sie Lebewesen, sie spiegeln Gemütszustände, Eintrübungen und Aufhellungen. Sie sind Mittler zwischen Himmel und Erde, sie verbinden die sinnliche mit der übersinnlichen Welt. Darum bekennt die Dichterin „Ich bin nie von Gott getrennt". Sie erkennt Gott nicht in unendlicher Ferne, sondern in ihrer Nähe, mitten in der Welt, im Alltag – im Leben selbst. Sie spricht von Gott in leisen Tönen, vorzugsweise in Zeichen, Bildern und mystisch geprägten Gleichnissen.

Ähnlich zurückhaltend, subtil und im Ungefähren schwebend sind auch ihre Liebesgedichte. Sie haben fast alle einen melancholischen Grundton. Gelegentlich sind Spuren von Bitterkeit, von enttäuschter Liebe oder deren Vergänglichkeit, vielleicht auch von Selbstmitleid zu spüren – ähnlich wie bei ihrem Vorbild Mascha Kaleko –, aber sie ist niemals nachtragend. Sie hält kein Gericht, sie belässt es bei Andeutungen.

Eine Liebe aber bleibt ihr: Hamburg, die Stadt im Norden, nahe dem Meer und den geliebten Wolken ein Stück näher, die große Stadt, in die sie vor fast zwanzig Jahren gezogen ist und in der sie sich angekommen und zuhause fühlt. Ihre Hamburg-Gedichte sind bewegt und beschwingt, so als wären sie beim Joggen an der Alster entstanden. Beim Laufen fliegen ihr die Verse zu, sie liebt die Alster, die hanseatischen Parks und nicht zuletzt den Ohlsdorfer Friedhof, wo die Toten miteinander schwatzen und die Engel auf den Grabmälern ihre Arme auch über die Namenlosen ausbreiten. Ihre hanseatischen Verse sind atmosphärisch dicht, verwenden das Lokalkolorit aber nur sparsam. Sie flaniert nicht an der Elbphilharmonie und nicht auf der Elbchaussee, Weltstadtallüren sind ihr fremd, sie nimmt mit der viel bescheideneren Alster fast vor ihrer Haustür vorlieb und fügt dem schon seit Hagedorn vielgepriesenen „Alsterfluss, dem Beförderer vieler Lustbarkeiten“ eine zeitgemäße Lustbarkeit hinzu: Jogging in der Morgenfrühe.

PETER SCHÜTT

INHALT

I GETRÄUMT

„Nur die Träume sind wahr,
alles Andere kann verschwinden“

Eugène Ionesco

PERSONA
Lied

Ich möchte mit all denen teilen
die auch ihre Zeit verträumt
deren Tage im Dämmerlicht lagen
die glauben sie hätten sie versäumt

Die Jahre liegen unter Tränen
und Zeichen die keiner gekannt
doch die kamen im Schlaf – war'n es Boten
denen fühlte ich mich verwandt

Hier hab ich's gelebt und erfahren
es sind so viele in mir
verschiedene Zeiten gingen und kamen
wie ich in ihnen – und bin wieder hier

WER SONST IST SO SANFT

Schlaf
legt sich über mein Leben
wie eine Nacht voll Schnee
um zuzudecken
und träumend wegzuheben
all das Weh

ZEITFURCHEN

In Zeitfurchen
ruhen wir
längs Pyramidenhimmeln
wie Mumien wartend
in weiße Tücher gewickelt

Leuchtend fallen sie
und wir aus der Umhüllung
vom All-Einen zum Einen geweckt

Gebündeltes Licht aufgestellt
am hellen Tag

ZUVERSICHT

Zu wissen
dass ich schon ankomme
indem ich nach Dir Ausschau halte

Zu wissen
dass Deine Hand mich hält
indem ich sie Dir hinhalte

Zu wissen
dass die Ordnung der Dinge ist
inmitten meiner Unordnung

Zu wissen
dass keiner meiner suchenden Gedanken
nach Dir
verloren geht

ICH-BIN-NIE-VON-GOTT-GETRENNT

Im Traum
lebte ich auf der Lichthöhe
und hörte das Wort
Ich-bin-nie-von-Gott-getrennt

Ich ging auf ihm
wie auf einem Pfad
Nein – es ging auf mir
ich war der Pfad

Ich schwamm in ihm
wie in einem See
Nein – es schwamm in mir
ich war der See

Ich flammte in ihm
wie in einem Feuer
Nein – es flammte in mir
ich war das Feuer

Ich flog durch es hoch hinauf
wie in einen Himmel
Nein – es flog in mir
ich war der Himmel

ABGEWORFEN

Wir fallen wir fallen – ich hörte wie es rief
Fallende Blätter aus Baumhimmeln tief
Wir fallen hörte ich
dann
Wir treiben
in den Elementen der Zeit – und bleiben

Wie lange und wofür und wo ist der Sinn
all das hörte ich – wo führst Du uns hin
und weiter vernahm ich
Du einer
Oder – ist da keiner –
für uns Abgeworfene die noch treiben
abgeworfen doch sich Dir verschreiben

Die nicht untergingen
in den Wirbeln hingen
sich wenden ließen
sich Dir überließen
Wir treiben wir treiben – ich hörte wie es rief

dass sie
weiter treiben
und träumen

von jenem
besonderen
Einen

II GEHEN

„Einen neuen Schritt zu machen,
ein neues Wort zu äußern, das ist es,
was die Menschen am meisten fürchten“

F. M. Dostojewski

HAMBURG 1

Ich gehe
einfach
in eine neue Stadt
breche auf
nehm nicht viel mit
nur das was blieb
nach der Häutung

Ich gehe
bewegt beweglich
im Blick Leuchtzeichen
Stirb und werde

HAMBURG 2

Einfach
ganz einfach
in eine neue Stadt gehen
als ginge es nur um die neue Stadt
und nicht um die alte
aus der man sich grub

Aufbrechen nennt man das
du sagst Aufbrechen

Brechen brach gebrochen konjugiert
Zeit die Häutungen
doch darunter bewegst du dich
geblieben ist etwas heil

Stirb und werde
könnte nach Leben aussehen

HAMBURG 3

Singen im Auto
Hitze auf dem Autodach
und die Hände nicht mehr ganz da
auf dem Lenkrad Finger
fangen das Spielen an
Poesie Love Melodies und andere
Buddhas und Wassermänner weissagen
dir die neue Stadt
dein Mantra schaukelt im Rückspiegel
fahren die Zeugen
vorbei
sie haben nichts gesehen und gehört

NUR DIE TRÄUME SIND WAHR.
ALLES ANDERE KANN VERSCHWINDEN.*

Nur deshalb hast du
den Abschied gewagt
Erworbenes
Vertrautes
verlassen
Verlorenes
an seinen Platz verwiesen
Die Fremdheit
nicht nur ausgehalten
sondern in ihr
deine Träume begrüßt.

*Zitat von Eugène Ionesco

NEULAND

Übersetzen
meine Worte
ins weiße Land buchstabieren

Ankommen
mit neuer Überschrift

NEUANFANG

In meinen Sonnen
wachsen die Trauben
Ich hänge sie nicht mehr hoch

BEIM GEHEN

Mit dir
am Ufer sitzen
unserem Schweigen zuhören
eine Silberschnur
im schmalen Auge

Unseren Übermut holten
die Wellen

Damit tanzen sie
machen uns zu Zuschauern
unserer eigenen Geschichten
lange
lange genug

Irgendwann
gehen wir
lassen gesammelte Muscheln zurück
behalten Farben
überspülter Steine

LIEBESGEDICHT

Untergegangen in den Wellen
ein Echo der Gehörlosigkeit

Die weggeschlagenen Hände
von der Augenblickshoffnung
etwas festzuhalten

Seit dem Schiffbruch
erkennen sie sich
kommen langsam auf den Grund
Sinken noch immer

Ertrinkende
versichern sie sich einander
des Lebens

III STAUNEN

„Das Schönste, das wir erfahren können,
ist das Geheimnisvolle“

Albert Einstein

ICH LAUSCHE DIR
Lied

Mit einem Lied erst ganz leise
So kommst du zu mir
Hast deine eigene Weise
Ich lausche dir

Grüne Blätter glänzen
Blumen öffnen sich deinem Tau
Rein wäschst du den Tag
Und machst Farben leuchtend im Grau

Lausche dem steten Fallen
Deiner Tropfen-Monotonie
Werd' wie der Himmel mit allem
Teil deiner Melodie

ABBLÜHEN

Rosa Blütenschnee
ein Fallen aus Baumhimmeln
zum Vergehen schön

AN DER ALSTER

Die Sonne
am hellen Morgen
ein Silbergestirn
über Kirchturmspitzen und

längs der Wellen
offenbart sie ihr Strahlen
in Rot und Türkis - Farben
des Himmels

Blässhühner ziehen darüber
als sei alles wie immer
doch ihre kleinen Laute sind
Lobpreisungen

ENTDECKUNG

Schnee unter den Laufsohlen
das erreichbare Ziel
der nächste Schritt

Kinder mit Schlitten
erteilen Lektionen in Lebenslust

Beide Beine auf der Erde
kein Superlativ ist Versuchung
nur –

diese Blüte da ganz aus Schnee
eine Schneemagnolie
im Schneefrühling

BEIM BLICK NACH OBEN

Weißgeborenes Feld
deine blauen Ebenen blühen
am Himmel an und
bringen ein Schneefruchtland hervor
Meinen Winterfrühling

„Aber in Ohlsdorf – da schwatzen die Toten ...“

Wolfgang Borchert

Der Friedhof ist ein grünes Meer
die Hügel wogen weit die Rasen fluten

Verschlungne Wege sind
versteckt in Büschen wie die Erinnerung
Viel Raum ist für die Toten auf dem Grund
Noch sehr viel Raum verheißt
die Trauernde mit Rosenstrauch in ihrem Arm

Und Christus grüßt
die Lebenden von weitem
Sein weißer Marmor ist wie Schall und
Widerhall am Wegkreuz zum Gedächtnis

Reliefs von Todesengeln auf den Grabesstätten
beatmen leise noch berühmte Namen
Die Mausoleen prunken
doch zärtlich schmücken frische Lilien
steinerne Gesichter

Die großen Flügel weit gespannt
so wunderschön
regieren große Engel
welches Land
Die Lauschende steht an der Schwelle

Und Immortelle winden Kränze
freundlich und lieblich
auch für die Namenlosen

Am Stillen Weg
da trifft man sich

WALKING ON GOLD
Lied

See the sparkling in the air
See the sparkling coming down
Coming down to earth
Coming down to me

Refrain
Tip tip toe
Tip tip toe
I'm walking on gold

See the brilliance of the light
Sidling deeply in my soul
Taking all the place
Taking all of me

Refrain
Tip tip toe
Tip tip toe
I'm walking on gold

See the clearness of the day
All around my eyes can hold
Shining on my way
Shining on to me

„So glitt
ich lautlos
kaum einen Flügel rührend
hoch über die Erde hin ...“

Max Sebald

SCHWEBEN
Lied

So leicht und so zart die Schritte
Als wären sie’s gar nicht mehr
In weißem Gewand eine Zweite und Dritte
Wie ich – nur von sehr weit her

Refrain
Ich übe ganz leise ...
So dass ihr mich nicht mehr hört
Ich lerne ganz heimlich zu fliegen
So dass ihr mir nicht mehr den Himmel verwehrt

Da ist Luft wie ein kühler Fächer
Aus zärtlicher lieber Hand
Von oben sehe ich Dächer
Lichtdurchdrungen die hohe Wand

Refrain
Ich übe ganz leise ...
So dass ihr mich nicht mehr hört
Ich lerne ganz heimlich zu fliegen
So dass ihr mir nicht mehr den Himmel verwehrt

Immer höher möchte ich steigen
An der blauen Lüfte Saum
Bin getanzt in einem Reigen
Und immer näher meinem Traum

NICHT YIN UND YANG

Weiß an Schwarz
ohne Übergang

Universen von
Tönen dazwischen steigen auf
und leben dich

Doch Ufer an Ufer
ruhen Weiß und Schwarz

Die feine Linie
zwischen Meer und Himmel
ist auch deine
Silberschnur

OSTERSONNTAG

Ereignislosigkeit
im hellgrünen Treiben der Knospen
inmitten von Schneefall

Bewegungslosigkeit
auf einer Bank

Stille
bis auf angewehte
Erinnerungen an grellbunte Ostereier

Narzissen nicken
zu Vergänglichkeit

Lautlos wie die Gegenwart
ein Rotkehlchen am Boden
schaut hoch zu uns beiden
irgendwie Einsamen auf der Bank
Augen runde Teiche
die Brust leuchtend

setzt die Wurzeln der Himbeerhecke pötzlich in Brand
und in diesem Augenblick
ist
Ostern – Passion der Wandlung
und Freude der Auferstehung

GELOBTES LAND

Einen Sommer lang
Duft und Farben heiliger
Salbeifelder erwandert
vorbei am ältesten Ölbaum
zum biblischen Garten
geführt
vom Stern
der Christusblüte
Passionsblume

Des Tags gelagert
unterm Schattenspender Bambus
des Nachts unter Schirmen
der Mammutblätter

Lautloser Jubel von
Schmetterlingen im Flieder weckt
und beendet
das Glück
des Sommers

der nur ein Tag war
im Botanischen Garten

BLÜHEN

Von unserem Spaziergang
nahm ich mit
das Lächeln
deiner Augen in meine Augen
das Lächeln
deiner Lippen auf meine Lippen
die Wärme
deiner Hand um meine Hand

und drei Blätter
vom Hamamelisbaum
Hamamelis Winterblüher
Hamamelis Wunderblüher

drei Blätter
die ihre Farbe nicht mal
in meiner Manteltasche verlieren

ZWISCHEN TRAUM UND TAG

Bevor sich die profane Welt
mir wieder in den Weg gestellt
bin ich an diesem frühen Morgen
ganz unschuldig und ohne Sorgen
und wie ein Schmetterling im Freien
darf ich mich den Gedichten weihen
Ob heimlich zarte Gedankensplitter
ob stürmende tosende Gewitter
Die Worte kommen in ihren Kostümen
um diese Welt oder jene zu rühmen
Ja sie nehmen mich selber in ihre Mitte
ich bin unter ihnen die Vierte und Dritte
Als ein Wolkentier häng ich mich dran
und sie nehmen es ganz willig an
in ihrer wattigen Weisheit ohne Kanten und Ecken
auch die meine aus dem Schlaf zu erwecken
Ist's Wolke ist's Wind ist's ein Wort sind es zwei
jedenfalls ist's schnell wieder vorbei
Herrjeh beim Blick auf die Uhr – es wird ja schon hell
fragt etwas in mir noch eben schnell
Wie kommt's wo sind die Sorgen bloß
die nachher doch wieder so tun ganz groß
Ich glaube dass es sich um ein Wunder handelt
als ob eine Wolke auf dem Wasser wandelt

LIED DER WOLKENSAMMLERIN

Heute machte ich einen Spaziergang am Himmel
Sah mir die Erde von oben an
Ließ unter mir das bunte Gewimmel
Das welcher Regisseur für seinen Film ersann?

Wie kam ich hierher, ich weiß es nicht mehr
War's gar auf fliegendem Teppich?
Ich landete in einem Wolkenheer
Einem Heer das nur sanft und friedlich

Man hieß mich willkommen, ich hört' es mit Freude
Es knicksten die Wolkenmädchen vor mir
Wie schön, dass du kommst, zieh' mit uns heute
Schau unsere Wolken-Welten von hier

So zog ich mit und wurde gezogen
In immer neuer Gestalt geboren
Was bin ich geworden so hoch da droben?
In wandelnden Formen, doch unverloren?

Da – ich öffne meine Augen und seh'
Ohne mich ziehen sie ihre Runden
Und mit einem kleinen Weh
Winke ich ihnen nach – liegend im Gras hier unten

KLEINE WOLKE
Kinderlied

Refrain
Wolke so klein
Du erinnerst mich an mich
Könntest du mein Gedanke sein
So frag ich dich

Hast deinen ganz eignen Traum
Gesponnen in einsamer Stunde
Dehnst dich aus in weitem Raum
Auf deiner Himmelsrunde

Refrain
Wolke so klein
Du erinnerst mich an mich
Könntest du mein Gedanke sein
So frag ich dich

Kleine Wolke in ganz eigenem Glück
Leuchtend und schön im Freiheitstanz
Da schiebt ein Wind dich sanft zurück
Du sinkst im Abend-Sonnen-Glanz

Refrain
Wolke so klein
Du erinnerst mich an mich
Könntest du mein Gedanke sein
So frag ich dich

Im glühenden Abend-Sonnen-Glanz
Blickst du hinunter ins Leere
Du spürst den Wind in seinem eigenen Tanz
Der dich endgültig treibt – hin zum Meere

SILVER SHADED

We met in colours never known
On these strange balconies where we were thrown
To find Roman Gardens in our eyes wide
To find pictures from some other side

Those strange balconies seemed to lift up high
Took Roman Gardens with us in the sky
Leaving below us folks in crowds
Taking us in the midst of silvery clouds

In the midst of silvery clouds with no other ground
That's all on a sudden were we ourselves found
Leaving balconies, gardens and all of this
In a new universe in the very first kiss

SENTIMENTAL RAIN'S LULLABY

Refrain
I look in your face
You sleep so deeply tonight
Not a single love trace
From our story's sight
As I kiss you softly while the rain's going down
And our pictures turn into white
Listening 'it's over' rain's lullaby of our own

Listening it's over so the rain's melody
makes me feel like falling apart
makes me wander in some kind of fantasie
seeking the truth gone off my heart

Refrain
I look in your face
You sleep so deeply tonight
Not a single love trace
From our story's sight
As I kiss you softly while the rain's going down
And our pictures turn into white
Listening 'it's over' rain's lullaby of our own

Rain tells our story while going on falling
As my tears keep on falling too
My lips form your name and seem to be calling
All in silence those words – I love you

Refrain
I look in your face
You sleep so deeply tonight
Not a single love trace
From our story's sight
As I kiss you softly while the rain's going down
And our pictures turn into white
Listening 'it's over' rain's lullaby of our own

GOTT DER HERR HAT SIE GEZÄHLET

Öffne dein Firmament Herr
wie eine Lade
für mich
die ich noch zählen muss
was vor meinen Augen liegt

Bis einmal ich
nicht mehr gebeugt über die Lade
zählen muss

Bis einmal ich
aufrecht stehe im Licht
sehend

die von dir gezählten
unendlich
deine Troststerne

SCHWARM DER STARE

Choreographie
eures Augenblickstanzes
am frühen Abendhimmel

Dann ein Augenwischen
und ihr seid
verschwunden

Nur unser Grenzenlosbeifall
für den unsichtbaren Choreographen
erfüllt den leeren Himmel

IM JUNI

Wissendes Salamanderauge
weint nicht im Feuertod
vergehenden Oleanders
wenn Zeit verblüht
im Zenith

Wäre doch ich
auf dem Echsenweg
wüsste ich nichts vom Fegefeuer
In die Flamme eines ungeläuterten Duftes
zöge es mich

EINE BESONDERE TÜR

Der alte Maler
lächelte
als er den Freunden
sein letztes Bild zeigte

Ein Park
ein schmaler Weg sanft hindurch
vorbei an Bäumen und Wasser
bis zum Palast
mit der kleinen
roten Tür

Seltsam dieses Rot
fragten die Freunde
den Maler

Doch der
schon nicht mehr neben ihnen
sondern im Bild
wandelte bereits
auf dem schmalen Weg
zur fabelhaften Tür
stand vor ihr still
kehrte sich um
lächelte
öffnete
und verschwand

IHR WERTEN ZEILEN

Was wäre ich ohne euch
werte Zeilen

seien es die eines Gedichtes
mit ihren wunderbaren
in meiner Seele reich verzweigten Buchstaben

oder seien es Briefe von Freunden
die mit der Freude einherkommen
sich zu kennen zu mögen
Zeilen als Brücken des wärmenden Sich-Verstehens

seien es die der klugen Gazetten und Bücher
mit ihrer Klarheit und Vernunft
uns zu stärken inmitten der Verwirrung

Ihr werten Zeilen
was wäre ich ohne euch
Mir scheint ich wäre nicht ich

Doch
da ist noch eine Zeile
jene des Vogelfluges
auf der Leinwand des Himmels
und ich schau hinauf
Eine Zeile gewiss und da noch eine und noch eine und noch
eine
ja – auf einmal lese ich zwischen den Zeilen

Hier hat Gott sich verborgen
und damit mein Ich

GERBERMÜHLE
FRANKFURT AM MAIN

Die gedunkelte
uralte Holzschaukel am Fluss
mit säumenden Erlenbäumen
war immer noch da
wie damals als Mutter ein Kind war

Mit Tränen in den Augen
erzählte sie jetzt uns Kindern an ihrer Hand
dass sie als kleines Mädchen
hier oft gespielt hatte

Rätselhafter Ort unheimlich
finster trotz Mittagssonne
Seltsame Verbindung von
Vergangenheit und Gegenwart

Man weiß dass Goethe sich hier oft aufhielt
Mit einem Schauder denke ich an seinen Erlkönig
Ich sehe die Astarme winken
drücke die Hand meiner Mutter fester
und ziehe uns fort von diesem Ort

MESSAGE
IN ANDREA'S ROOM

Not to disturb
the Buddhas
I walk on tiptoe

Not to disturb
the Holies
I do not speak

Not to disturb
the wise books
I do not uncover their leafs.

Not to disturb
the miraculous space of your soul
my precious friend
but to deepen the secret
I try to leave a trace
in silence

Not to disturb on my very mind
as right out of the photo frame
Buddha appearing
keeping his tummy
laughing
loudly
filling the room
as all space

IV LUST und LAUNE

„Wenn die Seele etwas erfahren möchte,
dann wirft sie ein Bild der Erfahrung vor sich
nach außen und tritt in ihr eigenes Bild ein“

Meister Eckhart

ZEICHEN UND WUNDER

Zeichen
Achtung
Signalwirkung

Ein schönes Zeichen aus meiner Sicht
ist ein überraschendes Lächeln

Es gab mal
das
Zeichen
für mich
dein Lächeln

Und dann
unter meinem Gegenlächeln war ich rot geworden
gab es
das
Zeichen
für dich

Es folgte
deine Einladung in die Oper am gleichen Abend noch
Auf dem Spielplan Romeo und Julia

ERNEUTE CHANCE
Für M.H.

Du müsstest
noch einmal so die Treppe herauf stürmen
und auf der vorletzten Stufe langsamer werden
dann stehen bleiben
um mich anzuschauen
wie ich in der Tür stehe
und dir entgegen sehe

Ja es müsste alles wieder so sein
aber diesmal würde ich nicht
noch ganz schnell Leonard Cohens Suzanne
auflegen – von wegen der Stimmung

und schon gar nicht sollte sein dein
spöttischer Mundwinkel
als du sagtest „Leo“
dieser erste Tadel
von den weiteren folgenden

Prüfung für die letzte Stufe
Du müsstest noch einmal auf der
vorletzten Stufe
stehen
bleiben
ich würde
dich ansehen
du würdest
mich ansehen
und ich würde
auf dich zugehen
den Zeigefinger
erst auf deine
dann
auf
meine
Lippen
legen

GEDICHTEMACHEN

Ein Gedanke malt sein Bild
Wörter wollen im Licht angesehen sein
Ein Gefühl spielt sich auf; es auf die Spitze treiben
Zündeln mit dem was ist und mit dem, was nicht ist
Besonderes einfach machen, Einfaches besonders machen
Entdecken: Den Stein sucht man nicht, man findet ihn
Wie in der Liebe: Objektivsein gilt nicht
Als Nonne die Zellentür hinter sich schließen
Jeder Satz kann sich ins Unendliche ausdehnen
Wort-Krieg erkennen: Es gibt Sieger und Besiegte. Die Sieger stehen auf dem Papier
Das Nichtgeschriebene ist überall
Die Dinge anschauen, alle
Gut oder böse denken, ist verboten
Der Funke, der brennen will
Heilung suchen in Wasser und Brot
Stummheit nicht für Schweigen erachten
Auf ein Bild zugehen, das ich neu aufgehängt habe
Spielraum wörtlich nehmen
Schneeglöckchen durchstößt Winterboden
Beim anfanglosen Anfang beginnen
In der Schulbank sitzen, ein Wort ruft auf. Du stellst dich.
Manchmal Rettung: den Kopf zur Eieruhr werden zu lassen
Sich unsichtbar machen unter Menschen
Wörter in den Ausnahmezustand erheben
Aus dem eigenen Rahmen springen
Ins eigene Bild springen
Alle Wege öffnen

ABER JETZT

Meine Löffel
nehm ich mir
von allen Haken
der Vergangenheit
endlich
so viele
neue
Löffel
und
meine Suppen
füllen
Töpfe
Teller
Tassen
ja
Liebe
geht wahrhaftig durch den Magen

ABZÄHLREIM

Zauber Zauber
hinterm Spiegel da bist du

Zauber Zauber
vor dem Spiegel schaue ich dir zu

Zauber Zauber
meine Augen sehn in dich hinein

Zauber Zauber
lass den Spiegel
nur noch unsere Augen sein

OPTIMISTISCH

Mit dem Kalenderblatt
mir den Tag abreißen
wie man Freude
aus der Zukunft reißt
Es meine Zeit werden lassen

ICH BIN

Ich
Ich bin
Ich bin die
Ich bin die Gestalterin
Ich bin die Gestalterin meines
Ich bin die Gestalterin meines Lebens

Ich bin die Schöpferin meiner Welt
Ich bin die Schöpferin meiner
Ich bin die Schöpferin
Ich bin die
Ich bin
Ich

Ich
Ich bin
Ich bin die
Ich bin die Masken
Ich bin die Masken meiner
Ich bin die Masken meiner Körper

Ich bin der Atem meines Schöpfers
Ich bin der Atem meines
Ich bin der Atem
Ich bin der
Ich bin
Ich

DAS NEUE JAHR

Das neue Jahr –
Warum soviel Trara
Es nimmt wie das alte seinen Lauf
Den einen Kalender häng ich ab
Und den anderen auf

GUTER TAUSCH

Ein Lächeln für ein Gedicht
so warb der Dichter
neben sich den Korb voller Gedichte
Papierröllchen mit bunten Schleifchen

Einige die vorübergingen
blieben stehen
ergriffen
ein Schleifchen
lächelten

Einer vergaß beim Entrollen
den Biss ins Käsebrötchen
kostete statt dessen einen
gesalzenen Vers
und für einen Moment
lachend
den Stillstand im Hamsterrad
Fußgängerzone

NONSENS

Hörst du mich
an dich denken
knirschen mit den Zähnen
und dir den Hals umdrehn

Aus Sehnsucht
nur aus Sehnsucht

Komm doch
Komm nicht
Bleib wo du bist

Wir machen alles
ungeschehn

ES REIMT SICH

Ich bin heut so ganz für mich
doch reimt sich's auf ich liebe dich
Auch bin ich heut so ganz allein
das reimt sich auf will bei dir sein
Bin ganz frei in meinem Denken
reimt sich auf mein Herz dir schenken
Was ich denke was ich tu
es reimt sich immer wieder auf DU
Dachte ich doch ich wär ganz frei
und siehe – du warst immer dabei

DAMALS

Der letzte Sommer
im Rot des Lippenstiftes
schmeckt mich wieder an

CHILE

Ja träumen von dir und
der anderen Seite auf der Welt am Rande
die Alster so glänzend
aufgesprungen die Kastanien pferdchenbraun sonnig
beschienenes Kinderhaar und dann Hände
fädeln Kastanien zu Ketten und
Leben für jeden Tag eine gezählt in Stunden
das Glück gemacht
im Frühling ein Jahr ist das her
ich muss immer noch erzählen jetzt
den Jungschwänen wie ich den
großen weißen schönen Schwäne erzählte sie
kennen die Geschichte und alles
alles fängt wieder an wie die Zwillingsbäume
rauschen die verliebten Kronen ineinander und
wie das Meer ist fern nur noch zum Träumen schön

BLAUER TÄNZER
Für S.

Dein Arm
so anmutig
abgewinkelt
von unserer Wirklichkeit
an Tischen
in verbrauchter Luft
während du
anders atmest
in Blumen regenglitzernder Abendfarben
deine Hände dein
Körper eine Gliederpuppe
im Rhythmus lautloser Worte
aus Pflanzenlippen
und es tropft an die Fensterscheibe
durch die du im blaugestreiften Hemd
draußen im Restaurantgarten
Zigarette in der einen
Handy in der anderen Hand
zum Tänzer wirst

IST ES WAHR

Es ist wieder wahr
die Luft ist rosa
das Atmen bist du
deine Lippen immer näher
der schönste Mund seit Dornröschen
wo sind die Dornen

Wach zu wach
frage ich bist du der Prinz
aber dein Mund
und diese Augen und dann
der Dompfaff
den nur du sahst
ein Versprechen

Ich liebe dich
und wenn die Hecken wieder Dornen tragen
den Dompfaff lass mir

LIPPENBLÜTLER

Du ziehst mich in dein Bild
den Rosengarten die Stufen hinauf
zu deiner Marmorstirn
Brunnentiere lächeln mir zu
beim Bad in deinem Haar
schaukelnder Dali Locken
während Härchen streiten
über deinem Auge
dieses zu beschützen
dein Ohr eine offene Blüte
für die Biene die sucht
sich verliert und dann
weiter sucht
Mit einem Lacher hustest du
mich aus deinem Blumenmund

AM VALENTINSTAG

Angeweht kam es
reinstes Coelinblau
aus dem Februarhimmel
nicht länger als
Einatmen
Ausatmen
und lief noch jene Ewigkeit
Jetzt
neben meinem Laufen her
kroch unter meine Jacke
wo mein Herz
ein roter Luftballon
flog und flog und fragte
wo ist es hin
dieses Lächeln
vom schönen fremden Mann
wo doch im All nichts verlorengeht?

DON JUAN

Noch in der Luft
es war Nacht
warfen sie sich Blicke zu
Sie erkannte
Achwasfüreinunfug
und doch –
traumgesenkten Auges
und nun blieb nicht viel Zeit
aber gerade noch rechtzeitig
als der in tausenderlei Gestalt
vom Mondlicht wieder verwandelte
schöne Vogel seine zu bunten Federn spreizte –

lief ich schnell von dir fort

KLUGE ENTSCHEIDUNG

Pardon Monsieur
ich kenne Sie nicht
Sie sind das Fragezeichen
noch nicht einmal gestellter Fragen
doch fremde Vögel umflattern
schon ein Buch
das eine unbekannte Sprache schrieb
in schönen Lettern

Die aufgeschlagnen
Seiten locken
mit Entziffern

Da flieh'n die Vögel
aufgescheucht
schließ ich die Seiten
und lächle Ihnen ins Gesicht
Monsieur ich kenne Sie nicht

Wind

Freiheit umweht mich
in der neuen Stadt

Höher und weiter kann der Himmel nicht sein
als ich über die Brücke laufe oder fliege oder flattere
so wie jetzt meine Haare

Mit frecher Nase im Wind
kommt mir ein Auto entgegen
wird langsamer
ein Fenster heruntergekurbelt
Musik und fröhliche Menschen
Ein junger Mann sieht mich an
meint wirklich mich sagt etwas sehr Schönes

Und schnell so schnell
sind alle wieder fort – ich reibe mir Augen und freche Nase
Bin ich wirklich keine zwanzig mehr?

ZUNGENSPRACHE

Mein Kätzchen legt seinen Kopf auf meinen Fuß
        Du nahmst meinen Fuß in deine Hand
Meines Kätzchens Fell ist seidig
        Deine Hand war zärtlich
Mein Kätzchen räkelt sich
        Deine Hand wanderte
Mein Kätzchen beginnt sich zu putzen
        Dein Mund drückte sich auf meine Haut
Meines Kätzchens Fell kitzelt mich
        Dein Auge fing an zu fragen
Meines Kätzchens kleine Zunge spüre ich, wenn sie mich versehentlich streift
        Mein Körper antwortete dir längst
Jetzt trifft mich der Ozeanblick meines Kätzchens
        Ich küsse dich gern überall sagtest du noch

BOBERGER DÜNEN IM AUGUST

Schauen übers Meer
das verschwunden ist wie
jetzt die beiden Miniaturreiter

auf ihren Pferden
in dem Saum Wald
Mosaik unserer Augenlinsen

Wir im Dünensand
wo lebendige Halme
die Verlängerung deiner Finger
krabbeln über meine Haut
und Espenblätter zittern
ganz in der Nähe

Unsere Sehnsucht
davonfliegende Schwalben
Küste und Meer im Blick

BESUCH NACH 30 JAHREN

Letzte Nacht
eine Märchenvorstellung
in der weiblichen Hauptrolle ich
mein Filmpartner du.

Jetzt
erwacht
so voller Glück
und Staunen
Das also gab es

Den Brunnen
und die Wiese
mit vollen Bäumen ‘schüttel mich’
mit reifen Äpfeln ‘pflück mich’

O erfüllte Zeit

VEREHRER

Majestätisch so schreitet sie
Einen Fuß vor den andern bedacht die Treppe hinunter
Ihre Augen senken sich beginnen zu wandern
und Blicke tauscht sie munter

Mit einem Verehrer so scheint es ihr
Doch wie ist es auch verwirrend
Was ist das auf einmal für ein Wir
Fragen die Gedanken schwirrend

Alles zur Vorbereitung für das morgige Fest
Sie zeigt sich in Rock und Stöckelschuh
Zum ersten Mal ein Premiere-Test
Leuchtende Augen schauen ihr zu

Morgen Konfirmation –
Sie ein Kind von vierzehn Jahr
Wer am Treppensaum steht mit leuchtendem Auge
Das ist ihr Herr Papa

SCHATTENWERFEN

Sonne
spielt
mit uns

auf den Wegen
helle Laune des Augenblicks

besteigen wir
Baumriesen schweben
in Kronen lagern dann
flüchtig auf Wiesen und Wolken und
lauschen den ziehenden Vögeln in
welche Welten schwindelfrei

landen unversehens in dunklen Fluren
geheimnisvoller Häuser ohne jede Furcht
sind wir verfolgt von Tier- und anderen Gestalten
kampflos ergeben und verschmolzen
einander durchdringend und wieder

lösend die heiter beweglichen Ränder
befreiter Körper

CARPE DIEM

Blumen
den ganzen Tag
ach ja – es ist Mai
kein Wunder

Doch ein Wunder
Sie blühen im Smartphone
zeigen sich
in jeder einzelnen SMS
als Freude für mich von dir

denn
nachher
nachher
nachher
da sehen wir uns

Carpe diem
erzieherisches Motto

Am anderen Morgen – ach
nein am selben Abend
nein sogar schon vorher

da ließen sie
die Köpfe hängen

KREUZPUNKT

Mit dem Erkennen
des Fadenkreuzes
in deiner Pupille
sehe ich mich darin
augenblicklich getroffen

S-BAHN

Rolltreppe-Raupe
frisst sich nach oben
die von damals – ja
und alles sieht genau so aus

Auf einer
dieser Stufen
bekamen
unsere Hände sich
zu fassen
nur Hände wussten was
für eine Überraschung

Jetzt
jeder Stufe nach
die Welle hochgespült
das Bild und

wohin nur mit der Hand

AKROSTICHON ANDREA

April-Sonne und -Gewitter
Niemals Stillstand, Rückwärtsgehen
Dabei im inneren Mit-Verstehen
Reifend am Gezeiten-Ziel
Erwachtes Kind im Sturme um das Morgen
Alle Zeit in Gott geborgen

ALLTAGSANLEITUNG
MIT DEM SPRINGENDEN PUNKT

Nun mach endlich einen Punkt
Du weißt schon ...
Ich sage
Jetzt
ist
Schluss

Hinter dem Schluss setze ich den Punkt
Dann hüpft der Punkt nach oben
und nochmal nach oben

Was steht da
SCHLUSS   Punkt
IST   Punkt
JETZT   Punkt

Die größten Denker kennen
keine höhere Weisheit

Jetzt ist die Zeit

RELIGIO

Der springende Punkt
kannst du ihn sehen
Kind

überspringend
in Gedankensprüngen
aus dem Zusammenhang

Das Wort
es springt ins eigne Bild
ins Koordinatensystem Leben
um dort minus unendlich plus unendlich
achsenverkehrt
im Vorwärtssprung in die Vergangenheit

alles wieder gut zu machen

SUMMER OF 2018
Liedtext

O what a celebration of the moment
with tales from yesterday
spreading from some mystical bend
and lightning my way

With tales again in resurrection
like the summer of sixtynine
I open my eyes once more in attention
and feel happily time is mine

As long as sunlights beam and flow
I am inmidst a dancig part of it
and believe in colours and dreams that grow
my skin breathing just heat

O summer of twothousandeighteen
you gave me a honey sweet taste on my tongue
made me believe lying tales once seen
made me forget that I'm no longer young

V ERKENNEN oder FRAGEN

„Ich bin nicht immer meiner Meinung“

Paul Valéry

DANACH
- Im Garten meiner Mutter -

Du
nur du sahst den Roten Milan
am Himmel
durch jenes geöffnete Fenster
durch das du auch flogst
im Traum
und jetzt –

Mir vertauscht sich Oben und Unten
Ich höre den Klatschmohn schreien an der Mauer
wie er unter die Erde wächst
wie Bäume zersprengen – ach auch die Kirschen
und der Duft vom Phlox

Als dann der nahe Wald auf mich stürzt
auf unsere Füße unterm gedeckten Tisch dem
Weißt-du-noch der Sommerterrasse
auf unsere sonnenblanken Gesichter
suche ich Zeichengläubige

suche ich
deinen Blick
folgend dem Roten Milan

FREIHEIT

Bin ich grade wieder viel zu stolz
Man weiß ja was da wächst auf dem einen Holz

Man fühlt manchmal Schuld eigne Gedanken zu wagen
Es durchkreuzen diese sich widersetzende Fragen

Doch wie aus einem Schneckenhaus
Trauen sich auch Antworten heraus

Eine davon macht sich eben sehr hell und schön
Und lässt mich mit einemmal größer dastehn

Nein es ist nicht böse und es ist nicht zu stolz
Und es ist auch nicht die Dummheit auf jenem Holz

Im Moment sagst du JA zu diesem Gedanken
Sprichst leise ein 'Bitte' um nicht zu wanken

Dann sagst du laut – Ich selbst bin mir Erwecker
In eigner Sache Forscher und Entdecker

ZUGUTERLETZT

Manchmal verliere ich
meine Fassung
wenn ein Gedicht
mich um seine Fassung angeht

Im glücklichen Fall
bekommt das Gedicht seine Fassung
und behält das letzte Wort

und damit ich
meine Fassung zurück

VERGLEICH

Wie ein scharrendes Huhn
das im Sand ein Korn findet
so finde auch ich mein Gedicht
Wie sehr verbindend

Ansonsten –
so frage ich gerade

Legt das Huhn auch sein Köpfchen schief
und blinzelt mit einem Auge hoch zu den Sternen
staunt es das Universum an
O – so unermesslich
wohingegen ich und mein Korn so klein
Und doch gelegentlich
das große Glücksgefühl
gackert es vielleicht auch
und legt es vor Freude
gleich noch ein Gedicht
äh –
ein Ei?

MEINE WORTE

Netz
durch das
ich falle
Netz
das mich
auffängt

BLICKWINKEL

Wieviele Winkel braucht es
für den ganzen Blick

Aufgesplittert
torpedieren sie uns
Teile wovon
und wohin treffen und verletzen
wie verfehlen und verzerren sie uns
wie lange

bis sie endlich
alle hereingeholt
und angeschaut
winkellos
versöhnt
das eine Bild sind
und wir
ganz

WORKSHOP

Zerfurcht
die Gruppe
Abgründe zwischen Stühlen
Taxierte Annäherung
zugelächelte Tarnung

Themenfelder formiert
den Boden bereitet
Mehrheiten bewaffnet
Worte gebündelt verbündet
gezielt gnadenlos auf
Einzelne
wortlos blicklos anders
woanders
zwischen den Stühlen

KÄLTER

Wenn es kälter wird
werden die Dinge sperrig

Du trittst an
gegen das was jetzt Zeit ist

Atemholen
heißt Herbst riechen und wissen
da kommt noch mehr

POST FÜR MICH

In meinen Gedichten
schreibe ich mir
Mut zu

ZEITVERSETZT

1. Die Freude im Augenblick

5. Wagnis des Vertrauens

2. gibt der Gegenwart alles

6. ist der umgekehrte Weg der Angst

3. gewinnt so Zukunft

7. und erwählt die Existenz

4. heilt Vergangenheit

8. Leid kann sich wandeln in Liebe

DENNOCH

Zaubern
mit
Sternen
und
Worten
als
ob
nicht
alles bezahlt werden müsste

WÖRTLICHER RAT

Mach
aus einem Aber ein Und
aus einem Entweder-Oder
ein Sowohl-Als-Auch
aus einer Barriere
einen Kreidestrich
... dann hüpf' drüber

EIN BISSCHEN GOETHE

Nein Johann Wolfgang von Goethe
Ist keine Turnübung für mich wie einer schrieb
Er ist auch nicht nur Faust und Dichter oder Denker
Er ist ganz praktisch da und wie zum Greifen
In seinen Sonnen meine Trauben reifen
Er ist gar Lebensretter in der Zeit
Gibt einen wesentlichen Rat wie Mut zur Tat
Gibt mir Geleit in meiner Unentschiedenheit
Mit einem Wort –
zu folgen
der NOTWENDIGKEIT

„WENN DU SO BIST WIE DEIN LACHEN MÖCHTE ICH DICH WIEDERSEHN“*

War’s wirklich dein Lachen oder hat ein Lied mich verführt
Jedenfalls war’n wir beide doch aufgerührt
Der Tag war hell – in die Nacht schlichen Träume
In den Himmel wuchsen ein bisschen die Bäume
Wünsche wie Gras begannen zu sprießen
Das Über-Ich ward in den Keller verwiesen
Nun ja das Über-Ich mit seinem Gegrübel
nimmt mir den Keller furchtbar übel
und grummelt weißt du nicht wie’s weitergeht
was da in jener Schlusszeile steht
„... Wenn du so bist wie dein Lachen – sogar mit dir untergeh’n“
Bin nicht mehr jung genug um das zu verstehn
Nicht mehr jung genug – das ist das Stichwort

Es sticht wirklich und treibt mich von etwas fort
von einer Leidenschaft die mehr ist als Lachen
und mehr ist als schöne Sachen machen
„Sogar mit dir untergehn“ – nicht mit dir - ach nein
Untergehn werd ich sowieso – und das bittschön allein
Was ist passiert – bin ich jetzt selber das Lied
das mich von meinen Träumen schied
Noch eben roch’s nach Abenteuer
Jetzt seh ich Wölkchen nach – vom Strohfeuer

*Lied von Ina Deter

IM CAFÉ

Es schauderte mich wie sie es sagte
und ich dabei keinen Widerspruch wagte
Auf unserer Erde – so ihre Worte
dabei saß ich gerade vor meiner Lieblingstorte
Auf unserer Erde also – formten sich ihre Lippen
ich begann ahnungsvoll auf dem Stuhl zu wippen
Auf unserer Erde also – da lass dir nichts vormachen
gibt es in Wahrheit nichts zu lachen
Dennoch lachte mich meine Torte an
als sie erneut ihre Rede begann
Auf unserer Erde – so meinte sie ungerührt
gleichzeitig vom duftenden Kaffee verführt
während ich von Sahnetorte umworben
Auf unserer Erde – da wird nur geboren und gestorben

KONZERT

Man wartet
Gitarrenvirtuosen stimmen die Saiten

Auch das Ohr der Seele stimmt sich ein
erhoffend Harmonie Klangschönheit und Melodie
Der auf dem Stuhl eingezwängte Körper
ersehnt Vergessen seiner selbst

Hingegen –
bist du genötigt
zu warten und
weiter zu warten
während die Augen
ungewollt herumwandern

Du versuchst es mit
Augenschließen

Alles zieht sich hin

Dann nicht mehr

Dann geht es Schlag auf Schlag
auf Schlag
Dissonanz auf Dissonanz
Töne die so tun als wären sie Töne
Drillbohrer

Manchmal vereinzelt leuchten Harmonien auf
du hängst dich an sie wie an eine kurze schöne Erinnerung

Du siehst den Musikern ins Gesicht
Merken die denn gar nichts

Du fragst dich
In welchem Universum lebt der Komponist
und müsste ich dahinfinden

Dann will ich auch das nicht mehr wissen
halte völlig behämmert durch bis zum Schluss
und beklatsche dann noch
– das Ende meiner Qual

GUTER RAT

Lichtloser Tag in deinem Grau
fehlt mir ein wenig Himmelsblau

Lichtlose Nacht in deinem Dunkel
fehlt mir ein wenig Sterngefunkel

Lichtloses Herz in deinem Leid
fehlt mir ein wenig Heiterkeit

Lichtloser Kopf in deinem Weh
fehlt mir ein wenig die neue Idee

Die neue Idee ist's die mir jetzt rät
wie man all das Gute als Samen aussät
und es pflanzt in den Himmel
wo sie sorgsam gedeihen
Um bei Bedarf sie auszuleihen

So –
Mag ich die Welt ein bisschen besser und bunter
Hol' ich sie mir einfach vom Himmel herunter

GESETZT DEN FALL

Gesetzt den Fall – da saß ein Jemand vor seinem Papier
Nicht viel anders als ich jetzt hier
Er schrieb und besah sich die Bilder die kamen
Erfand in Gedanken sich neue Namen
Und auf einmal da trudelte ich hervor
Setzte mich wie ein Floh in sein Ohr
Dann benannte er mich auf seinem Papier
Ja – damit war ich also hier

Ich sage ich – ohne zu wissen was ich sage
Es heißt eher soviel wie dass ich wage
Zu reden von einem der im Traum mich besah
Und daraufhin zu konstatieren – ich bin offenbar da

Beglückt stell ich fest er ist wohl Dichter
Und nicht von jenem finstren Gelichter
Für die Wahrheit und Schönheit nicht der Urgrund des Lebens
Für die es kein Ringen darum gibt – nur stets das Vergebens

Da sind wir beide in etwa verwandt
Das heißt er reichte mir seine Schreiberhand
Und lehrte mich das ABC das kleine
Nun ruf ich meine Muse und er die Seine

Könnte sein er bewegt sich selbst in einem Buche
Spielerisch gelenkt und auf der Suche
Im Augenblick hinausgehend über den Augenblick
Ein Innewerden – manchmal nennen wir's Glück

O Rätsel o Geheimnis in dem ich jedoch erkenne
Achtsam zu sein WEN ich einen Schöpfergeist nenne
Achtsam zu sein WER ich selbst bin als Schöpfer
Hab ich's doch in der Hand – wie den Ton der Töpfer

Höhere Philosophie

Ihr wollt es mir vielleicht nicht glauben
doch ich werd mir jetzt gleich etwas Freches erlauben
Nach all dem Fragen und Disputieren
gar Hochnotpeinlichem sich zu genieren
Wenn man wieder mal einen Anschluss verpasst
und aus seinen hübschesten Träumen gechasst
Wenn man nicht so brav war wie man es wollte
dem eigenen Anspruch nicht die Aufmerksamkeit zollte
Oder andersherum man war viel zu brav
und sieht sich im Nachhinein als Schaf
Ob als Grille man ganze Sommer lang sang
während die Ameise mit harter Arbeit rang
Wenn die Zeit auf einmal sagt – zu spät
du dich bange fragst ob da noch was geht
Wenn Krankheiten zu dominieren glauben
indem sie dein wahres Wesen dir rauben
du also anfängst deine Jahre zu zählen
o vergiss es – die reine Seele zu quälen
Dann – und jetzt kommt's – ist es äußerst gesund
einfach zu denken und zu sagen – NA UND ?

PATCHWORK

Könnte man doch
all die Widersprüche in sich
VERKNÜPFEN
zu einem bunten Etwas
jedem seine Farbe lassend

HEUTE MORGEN

Jetzt
nur das
was
Mut macht
stehen lassen
die Zwei der Kelche

Auf dem Tisch
läuft die Sonne
über den Gartenzaun
geht es
ein Stück
weiter jede Stunde

ROBBENMUTTER

Dein kleines Tierkind im Genick
kämpfst du dich an der Felswand hoch
gegen die Wucht von Sturm und Gischt
gegen tobende Macht der Gezeiten

Als der Sturm langsam sich legt
hoffst du wie die anderen Mütter auch
dass dein Kind du gerettet
gegen tobende Macht der Gezeiten

Du stupst es sachte hin und her
und zwischen den Zähnen die kleine Flosse
du hoffst und du bangst und du bebst
gegen tobende Macht der Gezeiten

Dann fällt sie leblos die kleine Flosse
und etwas lässt dich begreifen
dass du hebst den Kopf –
gegen endlose Macht der Gezeiten

In einem Laut so tief so geklagt – es ist dein Schrei –
lässt du mich mit dir fühlen
deine Trauer und deinen Schmerz
inmitten endloser Macht der Gezeiten

MEIN KÄTZCHEN IST TOT

Mein Kätzchen ist tot
Ich schreib es unter Tränen ins Tagebuch
Mein Kätzchen ist tot
steht unter jenem Datum im Kalender
Mein Kätzchen ist tot
sag ich den Freunden die es kannten
wie den Leuten die nichts verstehen
Mein Kätzchen ist tot
weiss nun der Garten mit seinen schlafenden Blumen
die im nächsten Frühling wieder erwachen
aber mein Kätzchen ist tot
steht geschrieben für immer
in meinem leeren Herzen

ABER DU HAST FLÜGEL

Treue Amsel – im Frühling
hast das Nest vergeblich gebaut
die Eier vergeblich gelegt
deine Vogelkinder haben vergeblich gewartet
aufs Leben

Treue Amsel – im Herbst
du kommst noch immer
rufst mich
über Steinen im Nest
Schwester oder Kind oder Mutter
Bin wie du ja
Aber du hast Flügel

VERTREIBUNG

Der Herbst lädt ein

Seine Eintrittskarte
eine offene Schale
vor meinen Füßen

die weiter
müssen
wie die sonnenglänzende Kastanie
ihr Haus verließ

Sommerfrucht
ausgetriebene
von Herbststacheln bewegte
bis in meine Gedanken

Ich will weil ich muss
Ich nehme die Einladung an

"THERE'S A CRACK IN EVERYTHING THAT'S HOW THE LIGHT GETS IN"*

Wer es könnte
die Risse im
Nichtverstehen
ganz auftun
die Wunden sehen
sie ans Licht bringen zum Heilen und
auf der Nahtstelle dann

furchtlos
allein mit der Fragestellung
es wagen ohne Antwort

furchtlos
klar träumend
tanzen

furchtlos
von Nicht-Anfang zu
Nicht-Ende

* Zitat Leonard Cohen

DER EREMIT*

In-sich-Schauen
eine Kerze reicht

den Dämon zu erkennen
und nicht zu scheuen

Reise
Weg der Stille
ganz allein
zu gehen

Sucher
schweigend
und lauschend
finde dich
im Licht der Gegenwelt

*Karte aus den Großen Arkana im Tarot

DIE MÄSSIGKEIT*

Göttlicher Gleichmut

Es braucht einen Engel
den heiligen Namen
in weißen Gewändern

In deinen Händen
fließen Monde in Sonnen
und Sonnen in Monde

werden
Explosionen
lautlos
zu Gold

als ein Versprechen
über den Styx hinweg

Es braucht einen Engel
das hohe Maß
in dir

*Karte aus den Großen Arkana im Tarot

GERECHTIGKEIT*

Auf Messers Schneide

Die letzte Gültigkeit
ein zitterndes Herz
geht mit sich ins Gericht
Lasten auf beweglichen Waagschalen

was ist Vorurteil
was ist Fairness
was ist Wiedergutmachung
was ist Gerechtigkeit

Verlier nicht
was du jemals suchtest
Verlier
den Blick nicht
der deiner ist
und finde

was wahr ist
Aug in Aug

*Karte aus den Großen Arkana im Tarot

DER MOND*

Seelensucher

jetzt
im Aufbruch

der Weg aus dir heraus
ein Tier in Angst das
kriecht und fällt zurück
und drängt doch weiter
höher
lässt das Tier zurück
erkennt sein Himmelsbild

Und nichts hält dich mehr auf

*Karte aus den Großen Arkana im Tarot

DIE WELT*

Shiva
ein Fuß auf der Erde
setzt die Welt in Tanz

Tanz und Tänzer sind eins
bewegt in eine neue Ordnung

Die Welt
ist nicht mehr draußen

Du bist die Welt
in dir
versöhnt

*Karte aus den Großen Arkana im Tarot

VI SEHNSUCHT

„Das Unbewusste will Wahrheit. Es hört auf, zu denen zu sprechen, die etwas anderes dringlicher wollen als die Wahrheit“

Adrienne Rich

SEHNSUCHT

Ich will
nicht weniger
als die Erleuchtung
wie einen Sonnenuntergang

Bei einem Marienkäfer
wurde ich Zeugin

Seine Flügel selber
zu Sonnen geworden
im Abendrot
hob er – noch einmal weit
dass etwas hörbar aufrauschte

als die Spinne
ihr Netz
um ihn zog

ABWANDLUNG MEINES KINDERGEBETES

Lieber Gott
mach mich fromm

dass
der Himmel
in mich komm

AMATERASU

Amaterasu
Göttin deine Augen waren
Spiegel aus denen ich trank
deine lichte Schönheit
Du vom Himmel Leuchtende
bevor du dich verbargst
ein trauerndes
ein grollendes Tier

Ich sah mich
dir folgen überallhin

In der Höhle glühte aus
deine Sonnensprache
über die Untaten des Sturmgottes

Es heißt
Kami-Götter lockten dich
wieder hervor
spiegelten dich heraus
und sofort
war es hell auf der Erde

Spiegele
du
die Göttin
aus mir heraus

HERBST

Webst das Ende
legst Fäden zu Stricken
um den vergehenden
Sommerkörper

verhängst
dem Auge
noch glitzernd
den Vorschuss auf Erleuchtung

Fänd ich
deinen Spinnenfaden

mit noch sonnenleichtem Fuß
würde ichs wagen
und schweben
zurück.

- P. -

Nicht mehr mit mir
du bist mit dir
brauchst keinen
meiner Namen mehr

Mit unseren Farben aber
male ich die Wolken an

EINE BITTE

Mein Wort
sei geduldig

Warte auf mich
auf mein Neues
die wundersame Zerlegbarkeit
des Alphabets

Sei nicht so gefällig
für Meisteleute*
wie ich es bin

Warte auf mich
Saturnkind das ich bin
Saturn frisst seine eigenen Kinder auf
Saturn mit seinem Vergeblich

Mein Wort
sei treu
auch im langen Schweigen
und mach mir Mut

Sage und schreibe mir
Es ist nichts vergeblich

*Anspielung auf E. E. Cummings

AN ...

Hej, ich glaub an dich
Ich glaube, dass du wirklich leben sollst
Ich weiß, dass du gemeint bist
und dass auch in dir, mit dir, um dich herum
DAS GUTE SIEGT
Jeder Grashalm hat einen Engel – der
über ihn gebeugt, ihm zuflüstert: WACHSE*
Erst recht gilt das für dich
der du ein Mensch bist
und für dich bin ich
wenn auch kein Engel
die – die an dich glaubt

*aus dem Talmud

ZUM INHALT

Abseits des Lärms, gerade auch des Wort-Lärms, der uns ständig bedrängt, gibt es Augenblicke, in denen Wörter selbst still werden, den Atem anzuhalten scheinen, um uns Raum zu geben, sie zu finden, damit sie ihren Platz wieder oder neu einnehmen.

Für den Schriftsteller Peter Schütt sind Gudrun Egners Gedichte
„am Rande des Schweigens“ entstanden.
„Sie sind schweigsam, vieles bleibt ausgespart, bleibt ungesagt
oder steht zwischen den Zeilen.
Stille Wasser sind tief.
Nicht zuletzt in ihrer Mehrdeutigkeit ist der intellektuelle und emotionale Lesereiz ihrer Lyrik begründet.“
Auch spricht er von Wohllaut und Klangwelt:
„Gedichte, die singen und klingen,
denn die Poetin hat Musik im Blut und im Kopf“.

BIOGRAFISCHES

Studium der Germanistik, Romanistik, Anglistik
Auslandsaufenthalte Paris und London
Tätigkeiten im Personal-, Medien- und Finanzbereich
Gudrun Egner lebt heute in Hamburg